ECO HOUSE

Green roofs and vertical gardens

ECO HOUSE. GREEN ROOFS AND VERTICAL GARDENS
Copyright © 2015 Instituto Monsa de ediciones

Editor, concept, and project director
Josep María Minguet

Project's selection, design and layout
Patricia Martínez (equipo editorial Monsa)

INSTITUTO MONSA DE EDICIONES
Gravina 43 (08930)
Sant Adrià de Besòs
Barcelona (Spain)
Tlf. +34 93 381 00 50
www.monsa.com
monsa@monsa.com

Visit our official online store!
www.monsashop.com

Follow us on facebook!
facebook.com/monsashop

ISBN: 978-84-15829-97-3
D.L. B 19846-2015
Printed by Impuls 45

INTRODUCTION

Buildings have been turning more ecological for some time: nature has an increasing prominence in new constructions, but not only in gardens and patios, also on walls, roofs and rooftops in themselves. Nowadays, architecture is based on adapting homes to their environment. Construction is not forced on the landscape: it blends with it at every possible level. At this moment, we have a great connection between architecture and nature, taking account the environment, the climate, the orientation regarding the sun, the wind... Sustainable architecture takes into account the site´s climatic characteristics in order to achieve an adequate level of wellbeing while also saving energy. In this sense, creating a wall or a vegetal rooftop provides coolness and contributes to keep a nice temperature inside, besides of being very attractive aesthetically, making us feel connected with nature. We present a selection of projects, both in urban and rural environments, whose main characteristic consists in including a vertical garden, a garden-holding rooftop or both at the same time. In order to better explain the type of garden in each building, each project has some icons that inform of whether it has a rooftop or a wall and also whether it is placed in an urban or rural environment.

Hace ya tiempo que los edificios son cada vez más ecológicos: La naturaleza tiene cada vez mayor protagonismo en la nueva construcción, aunque no sólo en jardines y patios, si no en las mismas paredes, tejados y cubiertas. Hoy en día la arquitectura se basa en adaptar las viviendas a su entorno. La construcción no se impone al paisaje: se funde con él a todos los niveles posibles. Estamos en un momento de gran vinculación entre arquitectura y naturaleza, teniendo en cuenta además del entorno, el clima, la orientación solar, el viento... La arquitectura sostenible tiene en cuenta las características climáticas del emplazamiento para conseguir un nivel adecuado de bienestar además del ahorro de energía. En este sentido crear una pared o una cubierta vegetal proporciona frescor y contribuye a conservar una buena temperatura en el interior, además de resultar muy atractiva estéticamente al hacernos sentir conectados a la naturaleza. Presentamos una selección de proyectos tanto en entorno urbano como rural, cuya característica principal es incluir un jardín vertical, una cubierta ajardinada o ambas cosas a la vez. Para explicar mejor el tipo de jardín de cada edificio, aparecen en cada proyecto unos iconos que informan si se trata de una cubierta o una pared, y también si está situado en un entorno rural o urbano.

 Urban environment
Entorno urbano

 Rural environment
Entorno rural

 Vertical garden
Jardín vertical

 Top level
Nivel superior

 Mid level
Nivel medio

 Bottom level
Nivel inferior

ZENTRO BUILDING

Architect: González Moix Architecture
Location: La Molina, Lima, Peru
Photographer: © Juan Solano Ojasi

The Zentro building is an atypical project, a design center, where creativity and art should be focused and offer that virtue to the user. After placing a cellar on the first floor from the two street level premises, eight offices and or sites were placed in front of a side patio with a domestic scale. This patio divides with a recycled wood green wall and plants which sprout on it.

El edificio Zentro es un proyecto atípico, un centro de diseño, donde la creatividad y el arte debían concentrarse y ofrecer esa virtud al usuario. Después de resolver en el primer piso un sótano de dos locales a nivel de calle, se planteó en el segundo y tercer piso 8 oficinas y/o locales dispuestos frente a un patio lateral con una escala doméstica. Este patio limita con un muro verde de maderas recicladas y plantas que nacen de él.

The artist, Verónica Crousse, was summoned to design this great mural sculpture made with recycled materials that coexist with vegetation that is born out of the voids that allows the movement of the position and recesses of wood.

Se convocó a la artista Verónica Crousse para diseñar esta gran escultura mural realizada con materiales reciclados que conviven con una vegetación que nace de los vacíos que deja el movimiento de la posición y encastres de madera.

Green wall plants:

(Mentha Sativa) Mint
(Melissa Officinalis) Melissa
(Asparagus Plumosus) Chinese Stud
(Cotyledon Velutina) Pig's Ear
(Rosmarinus Officinalis) Rosmary
(Chlorophytum Comosum) Ribbon of Love
(Festuca Arundinacea) Festuca
(Plectranthus Australis) Silver Flame

Plantas del muro vegetal:

Hierbabuena
Toronjil
Espárrago Chino
Oreja de Chancho
Romero
Lazo de Amor
Festuca
Llama plata

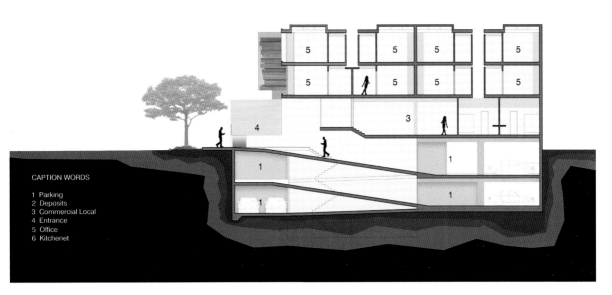

CAPTION WORDS

1 Parking
2 Deposits
3 Commercial Local
4 Entrance
5 Office
6 Kitchenet

Section D
Sección D

1. Parking   1. Aparcamiento
3. Commercial local 3. Local comercial
4. Entrance   4. Acceso
5. Office   5. Oficina

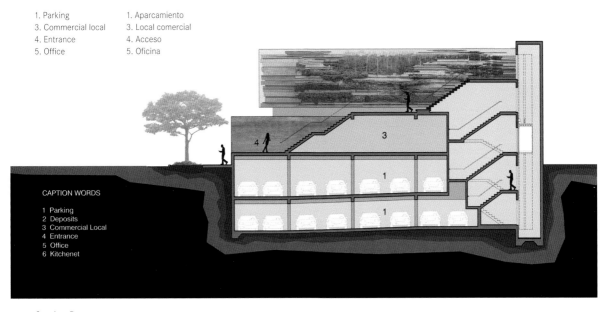

CAPTION WORDS

1 Parking
2 Deposits
3 Commercial Local
4 Entrance
5 Office
6 Kitchenet

Section B
Sección B

Between the eight design offices and the vertical garden the terrace is developed, a diaphanous space that acts as access atrium for the workers and visitors of Zentro.

Entre las 8 oficinas de diseño y el jardín vertical nace la terraza, un espacio diáfano que actúa como atrio de acceso para los trabajadores y visitantes de Zentro.

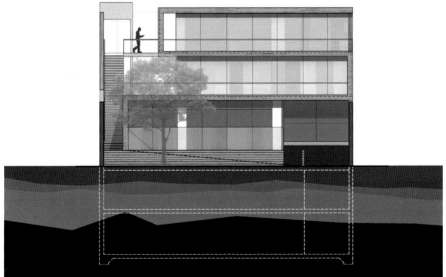

Front elevation
Alzado frontal

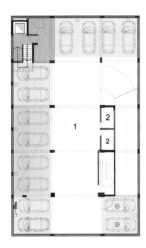

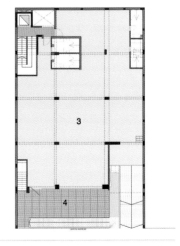

Basement 02
Sótano 02

Basement 01
Sótano 01

First floor
Primera planta

1. Parking
2. Deposits
3. Commercial local
4. Entrance
5. Office
6. Kitchenet

1. Aparcamiento
2. Depósitos
3. Local comercial
4. Acceso
5. Oficina
6. Cocina americana

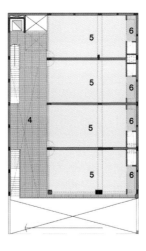

Second floor
Segunda planta

Third floor
Tercera planta

BIRKEGADE ROOFTOP PENTHOUSES

Architects: JDS Architects
Location: Copenhagen, Denmark
Photographer: © JDS Architects

The construction of three new penthouses on top of an existing residential building in a very densely populated neighbourhood of Copenhagen led to the creation of this roof terrace. The beauty of this design lies in the fact that the construction of three new penthouses led to the exploration of ways to make best use of a rooftop with thee aim of improving life quality of habitants in a densely populated city.

A este edificio residencial de un populoso barrio de Conpenhague se añadieron tres nuevos áticos, lo que propició la creación de esta terraza en el tejado. Al construir estos áticos y buscar otras formas de uso del tejado, se creó este bello oasis. Un espacio exterior que permite a los habitantes del inmueble aislarse de la poblada ciudad y mejorar su calidad de vida.

The garden is designed as a functional space. This is reflected in a playground with shock absorbing surfaces, a green hill, a lookout platform, an outdoor kitchen, and a wood deck.

Esta área exterior es multifuncional y práctica, como se puede ver por el pavimento especial de la zona de juegos, la colina verde, la plataforma mirador, la cocina exterior y la tarima de madera.

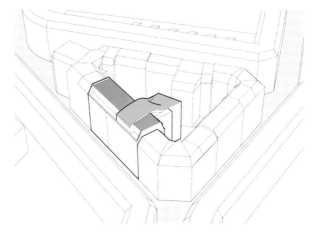

Roof qualities diagram
Diagrama de las cualidades de la cubierta

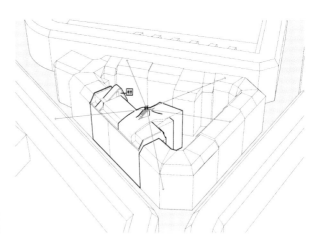

Views diagram
Diagrama de las vistas

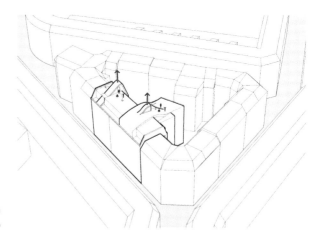

Access diagram
Diagrama de acceso

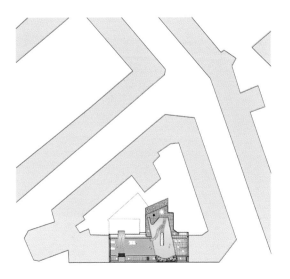

Site plan
Plano de situación

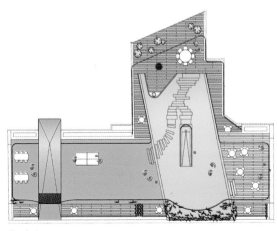

Roof plan
Plano de la cubierta

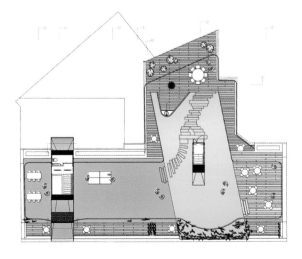

Penthouse upper level floor plan
Plano del nivel superior del ático

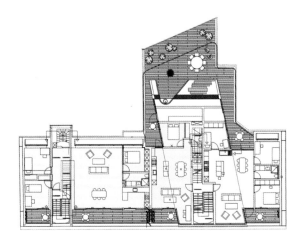

Penthouse lower level floor plan
Plano del nivel inferior del ático

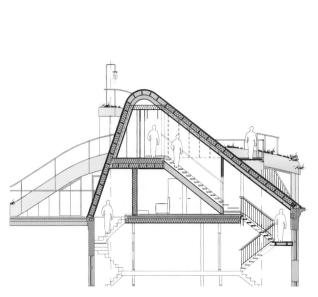
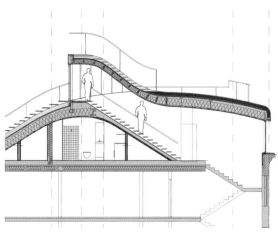

Enlarged sections through penthouses
Secciones ampliadas a través de los áticos

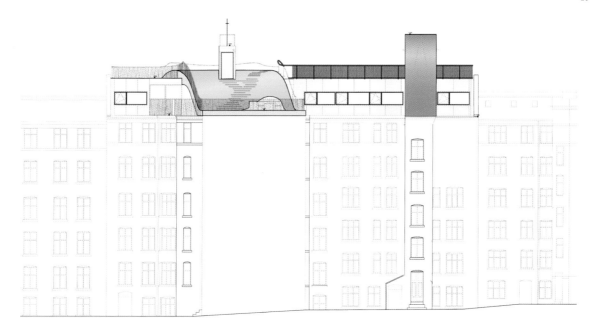

Elevation
Alzado

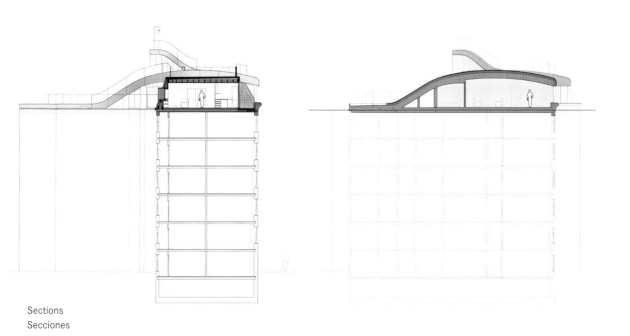

Sections
Secciones

LOOKOUT HOUSE

Architect: Francisco Almeida, Tatiana Bohorquez | AR+C
Location: Guayllabamba, Ecuador
Photographer: © Lorena Darquea

This family home, designed to be embedded within the mountain, is a continuation of its natural environment and preserves the pre-construction qualities of the location as a viewpoint. The structure can hold up to 20 cm of vegetation on the roof. The skylights are opened from inside, providing cross ventilation and a link from the house to the deck.

Esta vivienda unifamiliar, está diseñada y empotrada dentro de la montaña, es una continuación del entorno natural y permite conservar las características de mirador que tenía el lugar antes de su construcción. La estructura puede llegar a resistir hasta 20 cm de vegetación sobre la cubierta. Las claraboyas se abren desde el interior permitiendo una ventilación cruzada y la comunicación desde la casa hacia la cubierta.

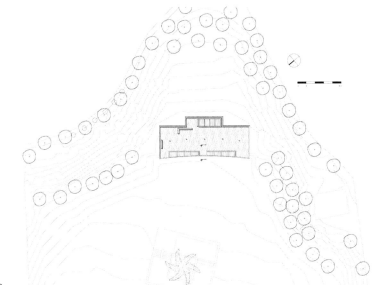

Site plan
Plano de situación

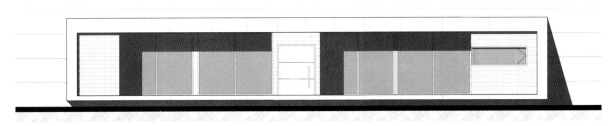

Elevation
Alzado

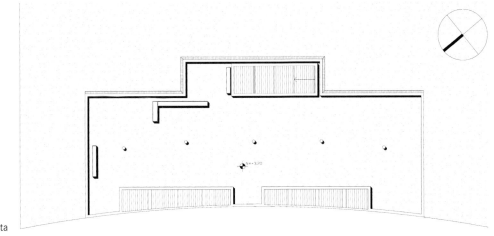

Roof plan
Planta cubierta

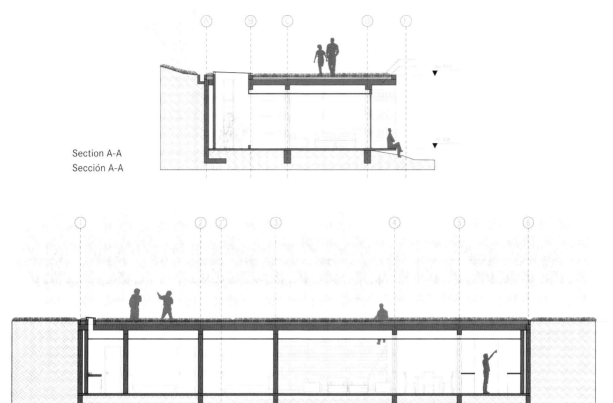

Section A-A
Sección A-A

Section B-B
Sección B-B

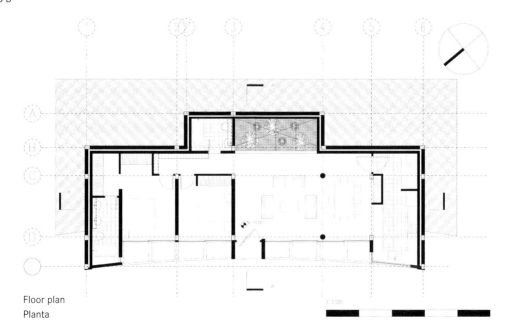

Floor plan
Planta

CHAMBRE DE COMMERCE ET D'INDUSTRIE DE PICARDIE

Architect: Karine Chartier, Thomas Corbasson
Location: Amiens, France
Photographer: © Courtesy of Karine Chartier and Thomas Corbasson

The Bouctot-Vagniez Town Hall in Amiens is a remarkable building, an architectural testament to the glories of nineteen-twenties *Art Nouveau*. Our project is concerned with designing an extension to this unique building, which is home to the Picardy Regional Chamber of Commerce and Industry. All the essential features of the project are represented in a plinth of living greenery that creates a link between the new wing, the existing premises and the gardens.

El Ayuntamiento de Bouctot-Vagniez, en Amiens, es un edificio excepcional, un testimonio arquitectónico del esplendor del *Art Nouveau* de los años veinte. El proyecto consistió en diseñar la ampliación de este edificio único, que es la sede de la Cámara Regional de Comercio e Industria de la región de Picardía. Todas las características principales del proyecto están representadas en un pedestal con vegetación natural que conecta la nueva sección del edificio, las premisas existentes y los jardines.

Sitemap plan
Planta de localización

The offices will be situated above this greenery plinth. They are housed in two separate spaces divided from one another by an atrium that will allow natural light and air to penetrate the heart of the building.

Las oficinas están ubicadas encima de este pedestal de plantas, en dos espacios separados y divididos por un patio interior que permite que la luz natural y el aire penetren hasta el centro del edificio.

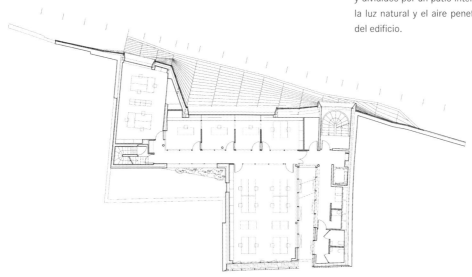

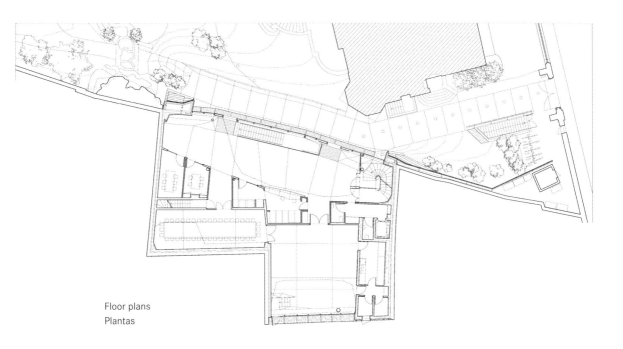

Floor plans
Plantas

1. Green panel
2. Superstructure for greening
3. Mechanically fixed multilayer sealing
4. PU insulation
5. Steel tray
6. Steel frame
7. Jackets type bollard
8. Lacquered steel structures
9. VEC type carpentry
10. Concrete slab
11. Audible warning of fire
12. Iodide projector
13. BA13 suspended ceiling type

1. Panel con vegetación
2. Superestructura para la vegetalización
3. Sellado multicapa fijado mecánicamente
4. Aislamiento PU
5. Bandeja de acero
6. Estructura de acero
7. Bolardo tipo salvavidas
8. Estructuras de acero lacado
9. Carpintería de tipo VEC
10. Losa de hormigón
11. Aviso acústico de incendio
12. Proyector de yoduro
13. Techo suspendido tipo BA13

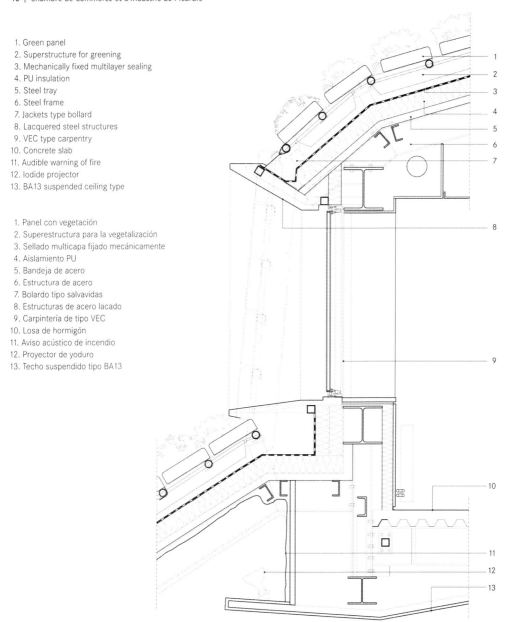

Describing the design of the green walls, Caillou said that they drew inspiration from the Japanese-style garden that surrounds the property and that "the choice of our plants was guided by this particular aesthetic".

A la hora de describir el diseño del muro verde, Caillou dijo que se inspiraron en los jardines de estilo japonés que rodean las propiedades, y que la elección de las plantas se rigió por esta estética particular.

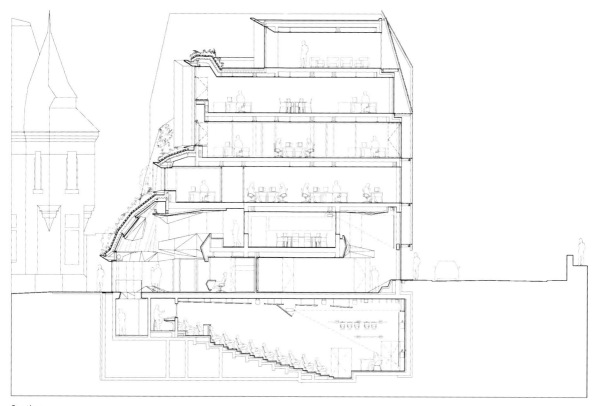

Section
Sección

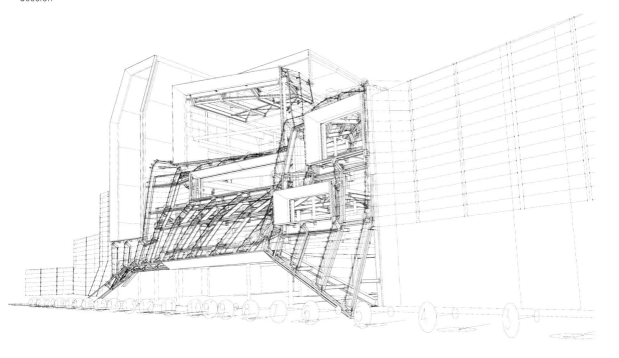

GARDEN HOUSE

Architect: Jorge Hernandez de la Garza
Location: La Estadía, Mexico
Photographer: © Jorge Hernadez de la Garza

The symbiosis between this house and its natural environment is unique: green roofs promote a biodiversity of insects that, in turn and over time, increases plant diversity in the area.

La simbiosis entre la vivienda y el entorno natural es única: los techos verdes benefician a la biodiversidad de los insectos que, a su vez, y con el tiempo, aumentarán la diversidad vegetal de su superficie.

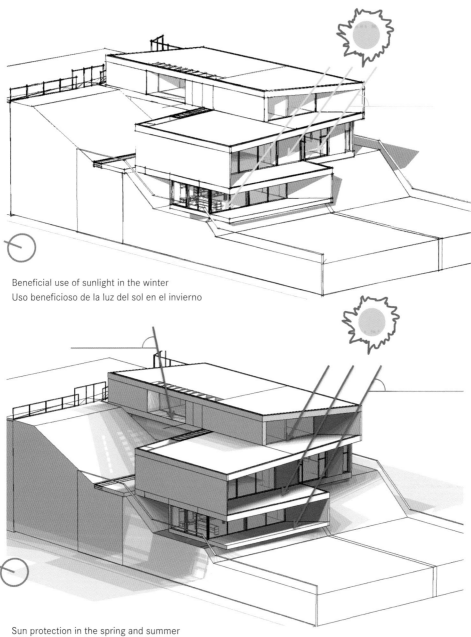

Beneficial use of sunlight in the winter
Uso beneficioso de la luz del sol en el invierno

Sun protection in the spring and summer
Protección solar en la primavera y el verano

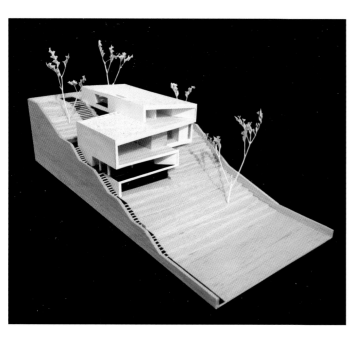

1. White walls: reflect heat
2. Green roofs: Capture rainwater, reduce heat island effect, thermally insulate interior spaces and promotes biodiversity
3. Terraces and gardens: Generate outdoor living spaces
4. Overhangs and pergolas: Protect from the sun in hot weather and let light in the winter

1. Paredes blancas: aíslan el calor
2. Tejados verdes: recogen el agua de lluvia, reducen el efecto isla de calor, espacios interiores térmicamente aislados, y favorecen la biodiversidad
3. Terrazas y jardines: proporcionan espacios exteriores
4. Salientes y pérgolas: protegen del sol cuando hace calor y dejan entrar la luz en invierno

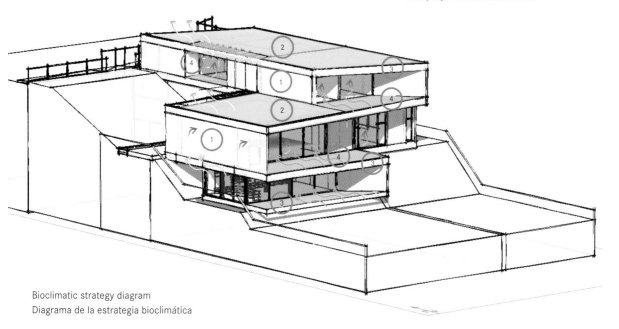

Bioclimatic strategy diagram
Diagrama de la estrategia bioclimática

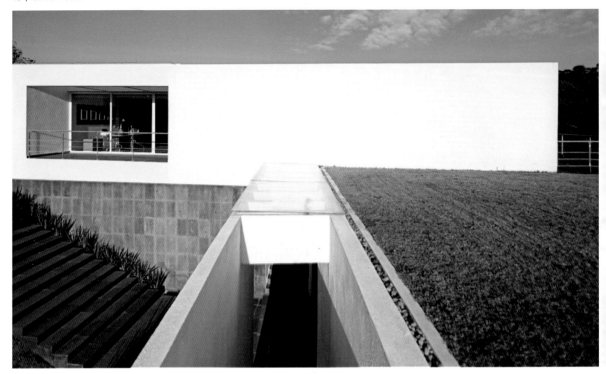

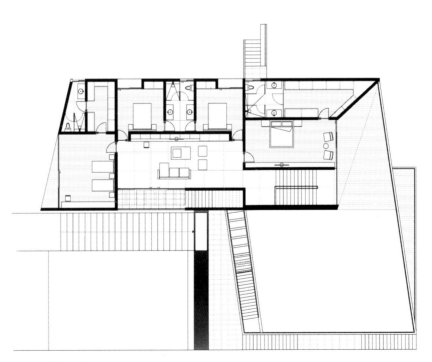

Top level floor plan
Planta de nivel superior

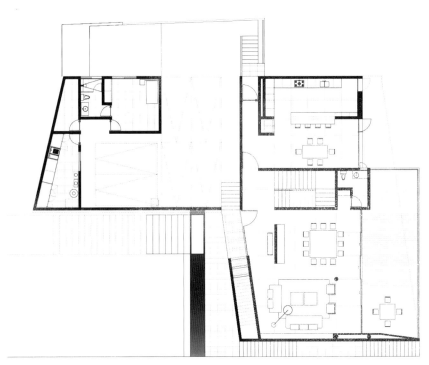

Mid level floor plan
Planta de nivel medio

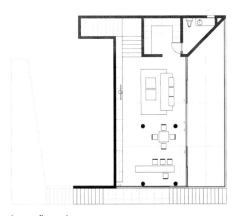

Lower floor plan
Planta baja

TWO SINGLE FAMILY DWELLINGS

Architect: Bauen
Location: Luque, Paraguay
Photographer: © Marcelo Jiménez & Monica Matiauda

Green shelter is an interpretation of the typical rural construction in Paraguay. It is a bioclimatic solution belonging to the region's traditional way of living in harmony with the natural environment. Not only do green roofs reduce the visual and physical impact on the natural environment, they also reduce heat transfer and insulate from sound to improve indoor comfort.

Un refugio verde: una interpretación de la típica construcción rural paraguaya. Esta solución bioclimática recoge la forma tradicional de vida de la región en completa armonía con el entorno. Los tejados cubiertos de vegetación no sólo reducen el impacto visual y físico de la vivienda en el entorno, sino que también reducen las transferencias de calor e insonorizan la casa para mejorar el confort interior.

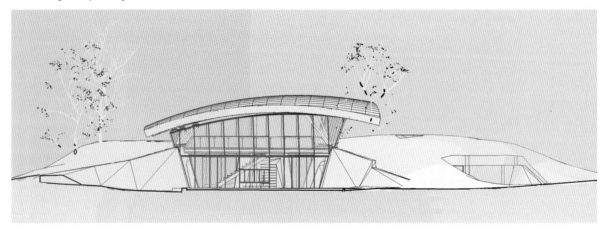

Elevations
Alzados

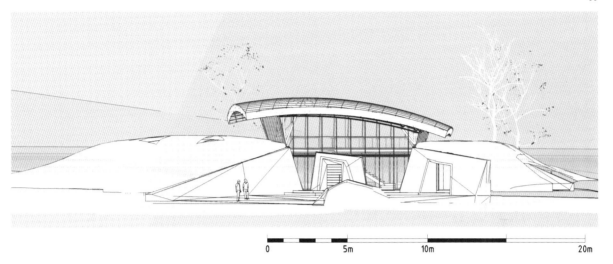

0 5m 10m 20m

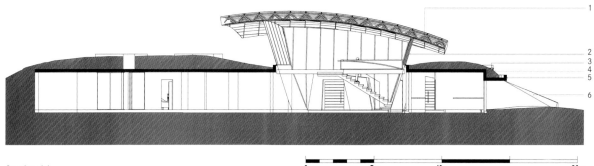

Section AA
Sección AA

1. Lightweight concrete finish over expanded sheet metal, over steel structure
2. Steel framed windows
3. Waterproof insulation layer
4. Grass covered embankment
5. Reinforced concrete slab
6. Stone wall

1. Acabado de hormigón celular sobre una plancha metálica, sobre una estructura de acero
2. Ventanas con marco de acero
3. Capa de aislamiento resistente al agua
4. Terraplén cubierto de hierba
5. Bloque de hormigón armado
6. Muro de piedra

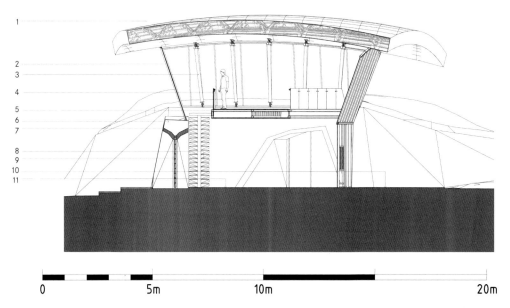

Section BB
Sección BB

1. Lightweight concrete finish over expanded sheet metal, over steel structure
2. Steel framed windows
3. Steel tube
4. Steel and glass guardrail
5. Floor assembly: hardwood flooring over steel structure
6. Stone wall
7. Reinforced concrete portico
8. Steel and wood stair
9. Wood door
10. Recycled wood deck
11. Porcelain tile

1. Acabado de hormigón celular sobre una plancha metálica, sobre una estructura de acero
2. Ventanas con marco de acero
3. Tubo de acero
4. Valla de acero y vidrio
5. Montaje del suelo: parqué sobre estructura de acero
6. Muro de piedra
7. Pórtico de hormigón armado
8. Escalera de madera y acero
9. Puerta de madera
10. Cubierta de madera reciclada
11. Azulejos de porcelana

Conceptual design diagram
Diagrama del diseño conceptual

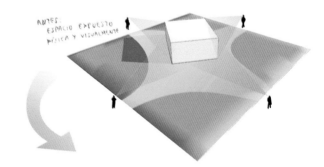

The original space of vegetation displaced by the construction is recovered with the construction of green roofs. Vegetation covered roofs mitigate the heat effect.

La vegetación que se levantó durante la construcción de la vivienda se ha recuperado en los tejados verdes. Esta vegetación mitiga los efectos de las altas temperaturas.

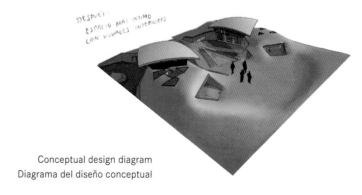

Conceptual design diagram
Diagrama del diseño conceptual

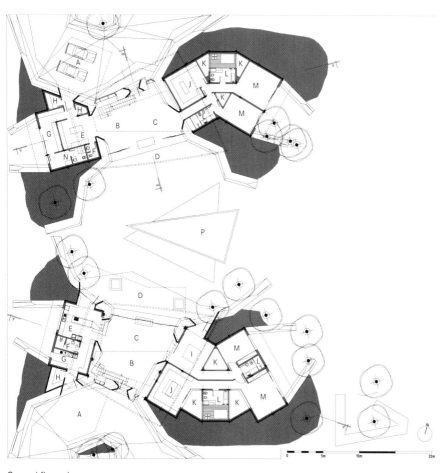

A. Garage
B. Dining room
C. Living room
D. Deck
E. Kitchen
F. Powder room
G. Laundry room
H. Storage
I. TV room
J. Dressing room
K. Patio
L. Bathroom
M. Bedroom
N. Utility room
O. Office
P. Pool

A. Garaje
B. Comedor
C. Salón
D. Cubierta
E. Cocina
F. Aseo
G. Lavandería
H. Almacenamiento
I. Sala de TV
J. Vestidor
K. Patio
L. Baño
M. Dormitorio
N. Lavadero
O. Despacho
P. Piscina

Ground floor plan
Planta baja

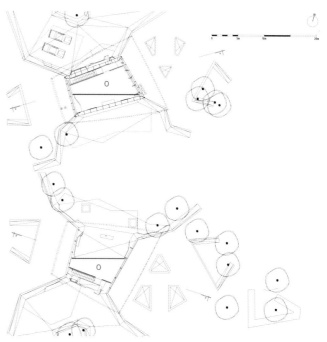

Second floor plan
Segunda planta

VERTICAL GARDEN VILLA CASCAIS

Architects: Frederico Valsassina Arquitectos
Landscape architects: PROAP
Location: Cascais, Portugal
Photographer: © Frederico Valsassina Arquitectos, PROAP

PROAP explored the use of landscape for improving the microclimate of an urban environment by introducing vertical gardens, which at the same time enliven the patios and terraces of this villa. The landscape architects carefully chose plant species and arranged them using grids taking into account the general climate of the region, sun and wind exposure, and the specific location in the house.

PROAP explora el uso del paisaje para mejorar el microclima de un entorno urbano, incorporando jardines verticales a sus diseños, que además animan los patios y terrazas de este proyecto. Los paisajistas escogieron con cuidado las especies y las ordenaron con cuadrículas teniendo en cuenta el clima predominante en la región, el sol y la exposición al viento, además de la ubicación concreta de la casa.

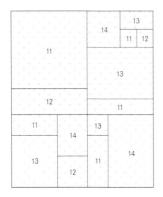

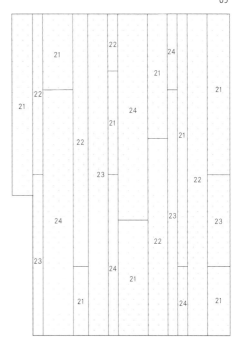

1. *(Carex oshimensis)* Evergold
2. *Teucrium lucidrys*
3. *(Carex comans)* Frosted curls
4. *(Ceanothus thyrsiflorus)* Repens
11. *(Sedum spectabile)* Iceberg
12. *(Lavandula intermedia)* Dutch
13. *(Hebe)* Emerald green
14. *(Hebe odora)* New Zealand
21. *(Geranium macr.)* Bevan's Variety
22. *(Heuchera)* Tiramisu
23. *Luzula sylvatica*
24. *Iris japonica*

Vertical garden composition
Composición del jardín vertical

TERRACE IN OVIEDO

Landscape architect: Paisaje Norte
Location: Oviedo, Spain
Photographer: © Ramón Álvarez Arbesú

With exposure to the sun as the main design thread of the terrace, the shade of a pergola, the freshness of the alternatively arranged plants and the lawned zones help to mitigate the effects of warmer weather.

Con la exposición al sol como hilo conductor del diseño de la terraza, la sombra de una pérgola y el frescor de una disposición alternativa de plantaciones y zonas de césped ayudan a mitigar los efectos de la temporada más cálida.

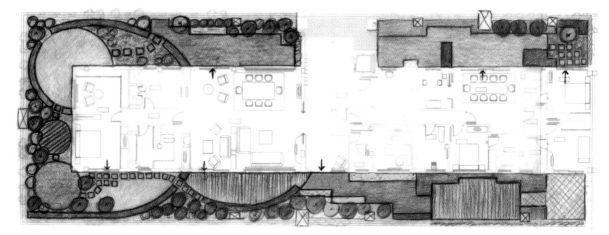

Floor plan
Planta

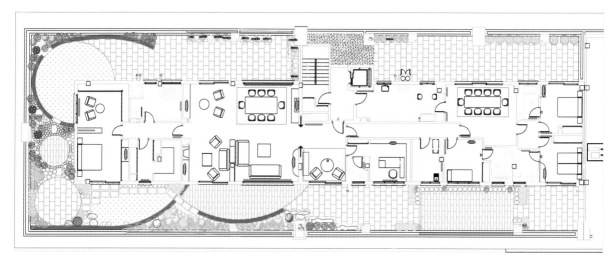

Planting design
Diseño de la plantación

Cornus (pink flower)
Cornus (white flower)
Gingko
Acer or *Cornus* (variegated)
Cercidiphyllum japonicum
Acer palmatum (green-red)
Acer palmatum (red)
Acer (green)
Betula
Citrus sinensis
Robinia pseudoacacia
Tilia
Nandina
Bamboo

Bamboo
Abelia grandiflora (red)
Tree peony
Choisya ternate "Sundance"
Spiraea nipponica (white)
Orange conifer
Stipa tenuissima pennisetum
Corn
Cotinus
Miscanthus
Pittosporum variegated
Abutilon pictum
Lysimachia nummularia
Mix of bulbs blooming in different seasons

Lavandula
Wisteria (white)
Bougainvillea (pink-orange)
Vitis purpurea
Clematis
Hypericum calycinum
Rhododendron or Azalea
Ferns
Lamium maculatum
Hosta
Euphorbia amygdaloides
Astilbe
Hydrangea paniculata "Limelight"
Hydrangea petiolaris

SKY GARDEN HOUSE

Architects: Guz Architects
Location: Sentosa Island, Singapore
Photographer: © Patrick Bingham Hall

The building is terraced allowing each storey to have visual and physical connection with a landscaped area. This creates a layer effect that reduces the scale of the building. The green roofs on each floor are edged with louver canopies that extend over the floor immediately below to providing shade.

En este edificio todas las plantas tienen terraza sobre la planta inferior. Así, todos los pisos del inmueble tienen conexión física y visual con el entorno y crea un efecto capa que reduce el impacto visual de la casa. Las cubiertas de las plantas se extienden con un toldo hecho de lamas que permiten sombrear la terraza de la planta inferior.

Section
Sección

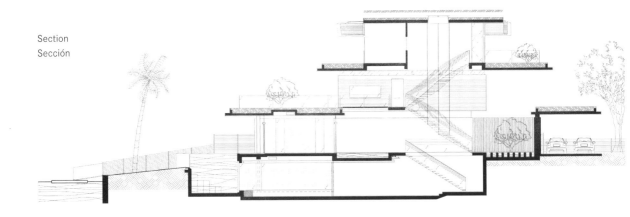

An inner courtyard on the garage level provides the two lower floors with light and ventilation. Conceptually, it "anchors" the house to the site and makes for an impressive house entry.

Un patio interior a la altura del garaje proporciona luz y ventilación a las dos plantas inferiores. Conceptualmente, ancla la vivienda en el entorno y da mucha fuerza a la entrada de la casa.

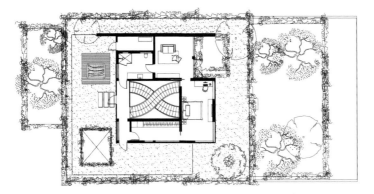

Third floor plan
Tercera planta

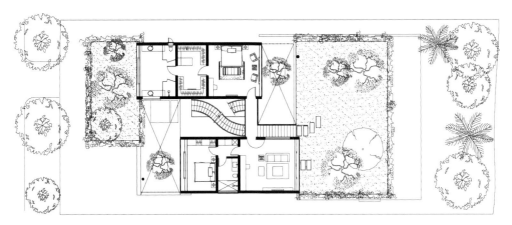

Second floor plan
Segunda planta

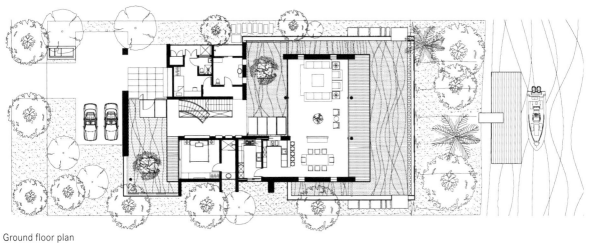

Ground floor plan
Planta baja

158 CECIL STREET

Architect: Tierra Design + POD
Location: Singapore City, Singapore
Photographer: © Tierra Design + POD

The project aims to bring in life, energy and visual excitement to a seven stories high vertical garden which initially was nothing but a barren shaft of the building atrium. This deviation from the concrete nature of most of the inhabitants of the CBD gave way to an internal private oasis of Vertical green landscaping.

El proyecto pretende aportar vida, energía y entusiasmo visual a un jardín vertical de siete pisos que, inicialmente, era solo un triste hueco en el patio interior del edificio. Este cambio con respecto a la tendencia por el hormigón de la mayoría de los habitantes del distrito financiero dio paso a un oasis privado interno con un paisaje vertical verde.

Affected by the east facing, shaded portion of the walls/columns and the staggered layered glass façade, plants, were chosen for their growth habit aesthetic qualities like foliage color, leaf size, texture and shape. The layered glass façade also enabled natural convection upward airflow, which created a comfortable growing environment.

Afectadas por su orientación hacia el este, la zona sombreada de las paredes/columnas y la fachada de cristal escalonado, las plantas se escogieron según sus cualidades de crecimiento y estéticas, como el color del follaje, el tamaño de la hoja, la textura y la forma. La fachada de vidrio laminado también permite el flujo de aire ascendente por convección natural, lo que genera un entorno favorable para su crecimiento.

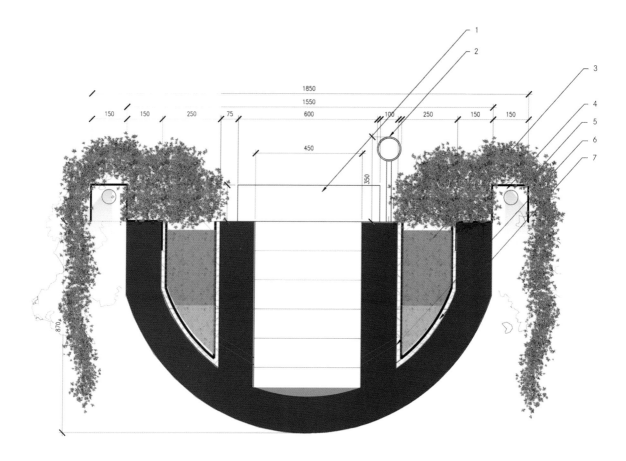

1. 600 x 530 mm Thk concrete precast slabs with rough texture tola's approval
2. Handrail to architect's detail
3. Soil mix as spec. washed course sand or crushed gravelayer
4. Provision for lighting 6 mm Thk ss plate in non
5. Directional finish profiled as per DWG to LA's specs
6. 50 mm weeohole to LA's specs
7. Dranage cells as specs over 1 coat water proofing
   - Membrane to PE's detail over 1 coat water proofing
   - Membrane to PE's detail

1. Losas de hormigón prefabricado de 600x530 mm de grosor con textura áspera
2. Barandilla según las especificaciones del arquitecto
3. Mezcla de tierras según lo especificado, arena gruesa lavada o gravilla triturada
4. Suministro para la placa de iluminación de 6 mm de grosor
5. Acabado direccional perfilado según el dibujo y las especificaciones del arquitecto paisajista
6. Orificio de drenaje de 50 mm según las especificaciones del arquitecto paisajista
7. Celdas de drenaje, según lo especificado, sobre una capa impermeable
   - Membrana sobre una capa impermeable, según las especificaciones del ingeniero
   - Membrana según las especificaciones del ingeniero

The building's existing naturally vented architectural openings facing the street was in-filled with new "staggered-glass" panes by the architect to allow natural light and air to filter through but kept out the occasional driving rain. The massive area of vertical planting visible from all interior floors to the building's 7 storey interior space, seeks to perform visual function with the use of over 15 species and 50,000 plants.

Las aberturas arquitectónicas de ventilación natural del edificio que dan a la calle fueron cubiertas por el arquitecto con cristales escalonados nuevos para filtrar la luz natural y el aire y proteger el interior de las ocasionales lluvias torrenciales. La gran área de vegetación vertical visible desde el interior de todas las plantas pretende llevar a cabo una función visual utilizando más de 15 especies y 50.000 plantas.

1. 50mm Ø Stainless steel handrail point-fixed to glass
2. 6+6mm Thk. tempered glass balustrade
3. Galv. steeel grating w/continous perimeter hinged-panels
4. Existing RC beam to be painted green all around
5. Steel frame to Eng's details
6. Supported structure to Eng's detail clad with perforated powder coated metal to be selected by L.A. Architect
7. Renoval light fixture to illuminate hanging plants (refer to lighting plans & Specs) BTW fixed metal "pelmet" to same profile
8. 200(W) x varies (L) x 400 (D). Heavily stainless steel to be selected. 300mm soil, 50mm sand, 50 pea gravel
9. To drainage as required

1. Barandilla de acero inoxidable de 50 mm de grosor fijada al cristal
2. Barandilla de vidrio templado de 6+6 mm de grosor
3. Reja de acero galvanizado con paneles de bisagra de perímetro continuo
4. Viga de hormigón armado existente para pintarla de verde
5. Estructura de acero según las especificaciones del ingeniero
6. Estructura sostenida según las especificaciones del ingeniero para revestirla con metal perforado pintado con pintura electrostática a seleccionar por el arquitecto paisajista
7. Renovación de la instalación de luz para iluminar las plantas colgantes (véase los planes y especificaciones de iluminación). Galería de metal fija
8. 200 W x varían (L) x 400 (D). Elección del acero inoxidable. 300 mm de tierra, 50 mm de arena, 50 mm de gravilla.
9. Drenar cuando convenga

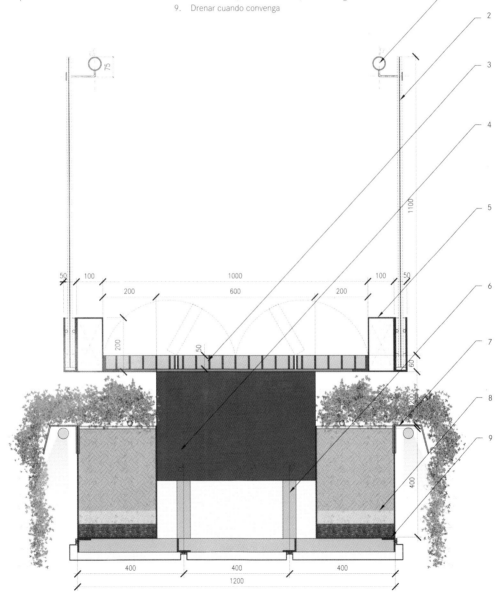

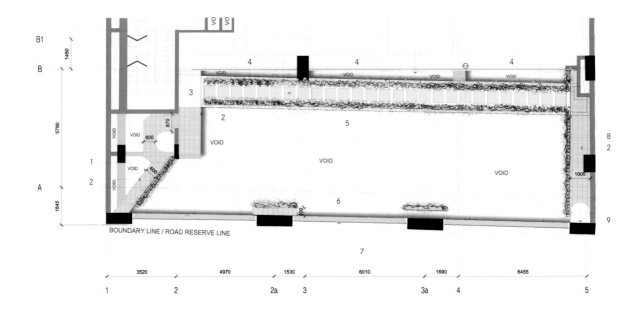

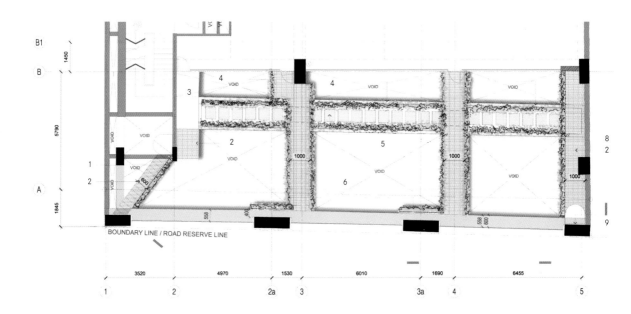

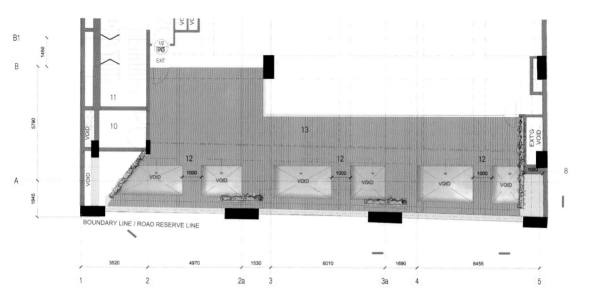

1. Inclined green wall
2. Maintenance walkway
3. Existing floor slab
4. Existing planter
5. 600 x 530 x 150mm concrete precast slabs with rough texture to LA's approval
6. Green column
7. New steel beam
8. Green wall
9. Catladder w/safety hoops
10. Open to sky
11. Stairs
12. Glass floor
13. Roof terrace w/timber decking

1. Muro verde inclinado
2. Pasillo para el mantenimiento
3. Forjado existente
4. Jardinera existente
5. Losas de hormigón prefabricado de 600x530x150 mm con textura áspera según la aprobación del arquitecto del paisaje
6. Columna verde
7. Viga de acero nueva
8. Muro verde
9. Escalera de gato con asideros de seguridad
10. Abierto al cielo
11. Escaleras
12. Suelo de cristal
13. Terraza en la azotea con tablones de madera

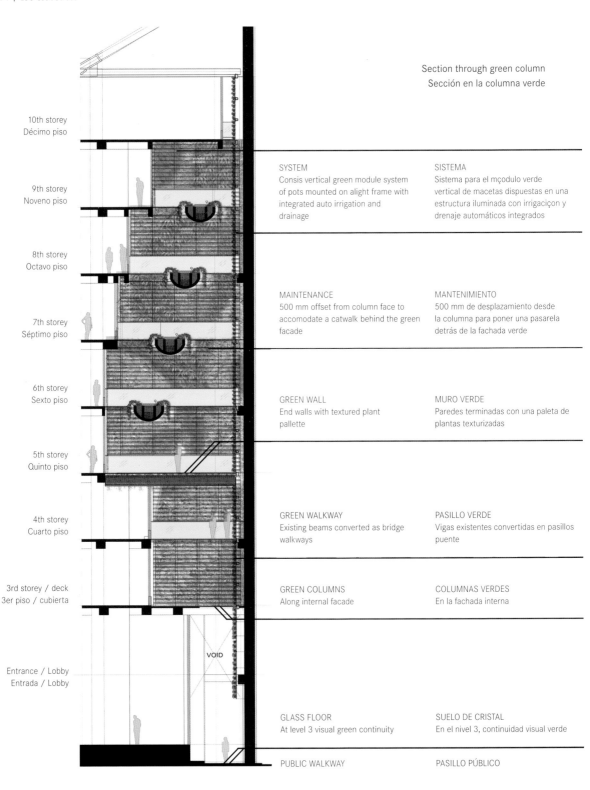

Section through green column
Sección en la columna verde

10th storey
Décimo piso

9th storey
Noveno piso

SYSTEM
Consis vertical green module system
of pots mounted on alight frame with
integrated auto irrigation and
drainage

SISTEMA
Sistema para el mçodulo verde
vertical de macetas dispuestas en una
estructura iluminada con irrigaciçon y
drenaje automáticos integrados

8th storey
Octavo piso

7th storey
Séptimo piso

MAINTENANCE
500 mm offset from column face to
accomodate a catwalk behind the green
facade

MANTENIMIENTO
500 mm de desplazamiento desde
la columna para poner una pasarela
detrás de la fachada verde

6th storey
Sexto piso

GREEN WALL
End walls with textured plant
pallette

MURO VERDE
Paredes terminadas con una paleta de
plantas texturizadas

5th storey
Quinto piso

4th storey
Cuarto piso

GREEN WALKWAY
Existing beams converted as bridge
walkways

PASILLO VERDE
Vigas existentes convertidas en pasillos
puente

3rd storey / deck
3er piso / cubierta

GREEN COLUMNS
Along internal facade

COLUMNAS VERDES
En la fachada interna

VOID

Entrance / Lobby
Entrada / Lobby

GLASS FLOOR
At level 3 visual green continuity

SUELO DE CRISTAL
En el nivel 3, continuidad visual verde

PUBLIC WALKWAY

PASILLO PÚBLICO

OUTRIAL HOUSE

Architect: Robert Konieczny ꞁ KWK Promes
Location: Ksiazenice, Poland
Photographer: © Juliuz Sokotowsk

With exquisite confusion between floor and ceiling and greenery camouflaging the house, the architects emphasise the atrium. An atypical atrium that rises from patio to ceiling. It resembles a work by Escher.
The grass could not be lost: it rose and became a roof instead. The atrium followed. The client gained a courtyard that he would give over to a music studio. The demands of rock.

Por delante de la exquisita confusión entre suelo y techo, por delante incluso del verdor bajo el que se camufla la casa, los arquitectos destacan su atrio. Un atrio atípico, que sube del patio al techo. Parece Escher.
El claro de hierba no se podía perder: se subió y se convirtió en techo. El atrio vino después. Al cliente se le ocurrió un patio al que diera el estudio de música. Exigencia del rock.

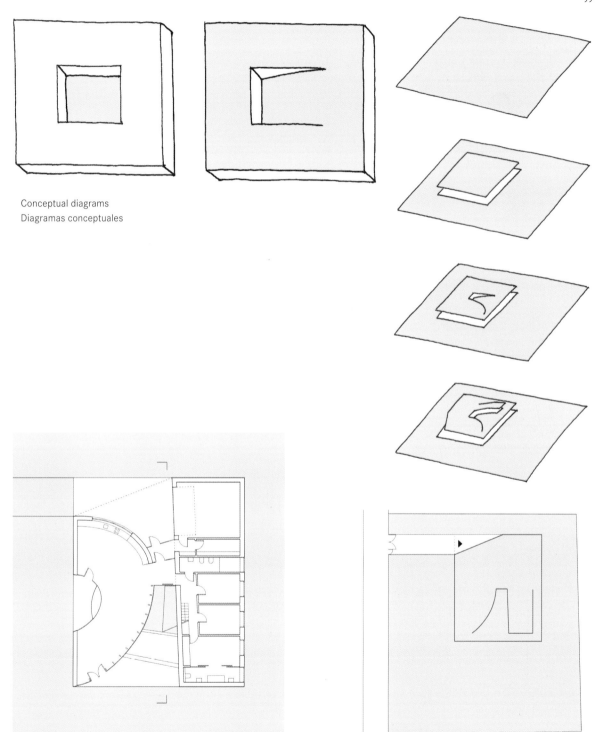

Conceptual diagrams
Diagramas conceptuales

Ground floor plan
Planta baja

Roof plan
Planta de la cubierta

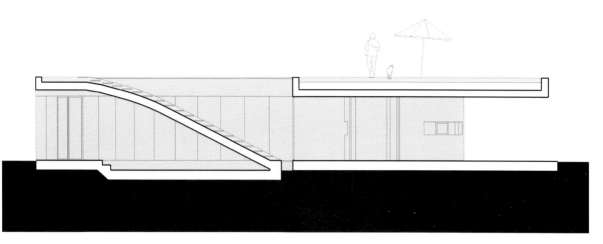

Section
Sección

SAYRES HOUSE AND HANGING GARDENS

Architect: Maziar Behrooz Architecture
Location: Wainscott, NY, USA
Photographer: © Matthew Carbone

This home was extended through the creation of two flat, interlocking forms which, together, host a series of terraces and contrast with the angular nature of the gable roof of the main house. Multiple flat roofs at different heights are covered with low-maintenance sedum plants, helping to reduce water runoff and create the impression of a garden on the roof.

Este proyecto de ampliación de la vivienda se realiza a partir de dos grandes placas entrecruzadas entre sí, que acogen una serie de terrazas y contrastan con la angulosidad del techo a dos aguas de la casa principal. Múltiples techos planos a diferentes alturas se encuentran cubiertos con plantas del tipo *sedum*, de bajo mantenimiento, que ayudan a reducir la escorrentía del agua y dar la impresión de un jardín en la cubierta.

Existing barn
Granero existente

New extension
Nueva extensión

East elevation
Alzado este

New extension
Nueva extensión

Existing barn
Granero existente

West elevation
Alzado oeste

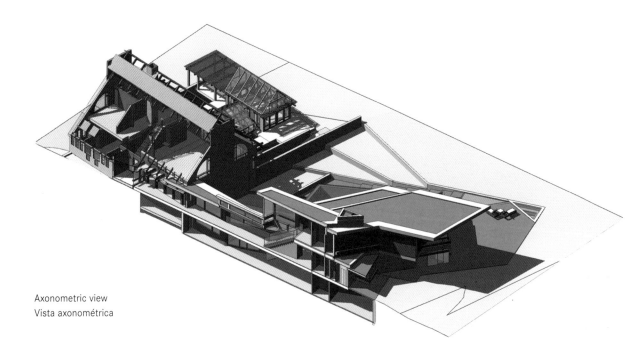

Axonometric view
Vista axonométrica

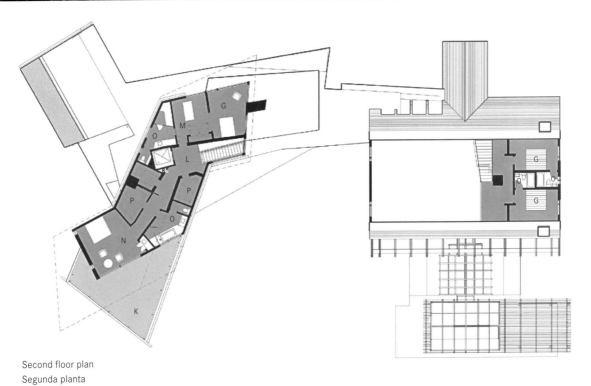

Second floor plan
Segunda planta

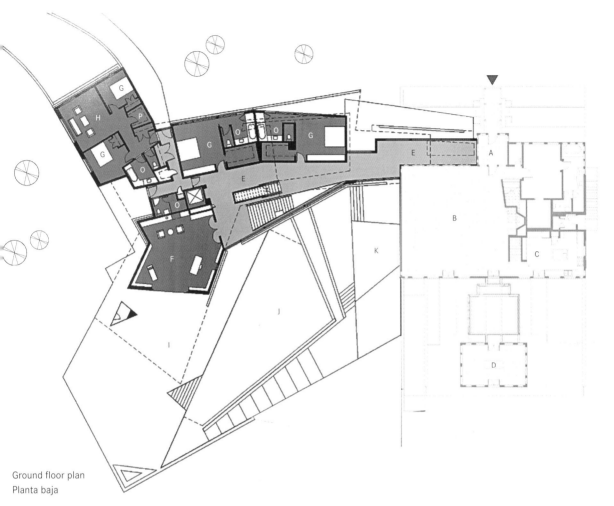

Ground floor plan
Planta baja

A.	Entrance	A.	Entrada
B.	Existing living room	B.	Salón existente
C.	Existing kitchen	C.	Cocina existente
D.	Existing dining	D.	Comedor existente
E.	Gallery	E.	Galería
F.	Library	F.	Biblioteca
G.	Bedroom	G.	Dormitorio
H.	Caretaker house	H.	Casa del vigilante
I.	Patio	I.	Patio
J.	Pool	J.	Piscina
K.	Terrace	K.	Terraza
L.	Hall	L.	Hall
M.	Office	M.	Despacho
N.	Master bedroom	N.	Dormitorio principal
O.	Bathroom	O.	Baño
P.	Closet	P.	Armario
Q.	Master bathroom	Q.	Baño principal

The cascading water of the beautiful infinity pool flows as a waterfall over three levels, connecting each floor of the house to the level below.

El agua rebosante de la bella piscina de borde infinito discurre sobre una cascada en tres niveles, que conecta el nivel superior de la vivienda con el inferior.

BROOKS AVENUE HOUSE

Architect: Bricault design
Location: Venice, California, USA
Photographer: © Kenji Arai (Arai Photography), Danna Kinsky

Rather than searching for a thumbnail of ocean view, the house focuses inward, toward its own courtyard, greenery and craftwork, while creating a 1700 square foot addition and courtyard on the rear lane side. The volume of the new master bedroom extends out from the second story, creating a carport below. Its exterior is clad with a living wall system on three sides, visually tying together the courtyard greenery with the planted roof.

En lugar de buscar una vista en miniatura del mar, la casa se enfoca hacia adentro, hacia su propio patio, la vegetación y la artesanía, creando una ampliación de 160 metros cuadrados y un patio en el lado trasero de la calle. El volumen del nuevo dormitorio principal se extiende desde la segunda planta, configurando el garaje en la parte inferior. Su exterior está revestido con un sistema de pared viva de tres lados, articulando visualmente el verdor de patio con la cubierta ajardinada.

New addition
Nueva ampliación

First addition (1990s)
Primera ampliación

Original cottage (1940s)
Casa original

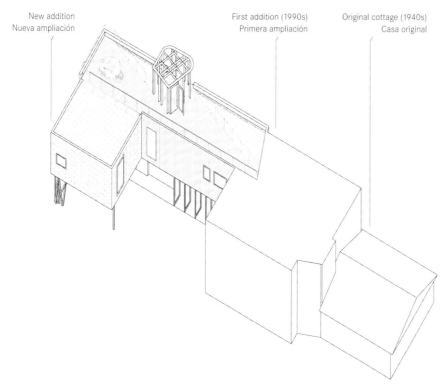

Ground floor plan
Planta baja

Second floor plan
Segunda planta

Roof plan
Planta cubierta

1. Mechanical room
2. Laundry room
3. Storage
4. Carport
5. Main Hall
6. Kitchen
7. Living room
8. Pantry
9. Storage
10. Powder room
11. Bathroom
12. Bedroom
13. Master Bathroom
14. Master Bedroom
15. Bedroom
16. Office
17. Bedroom
18. W/C
19. Rooftop Deck
20. Green Roof
21. Vegetable Garden
22. Solar Panels

1. Cuarto de maquinaria
2. Lavandería
3. Almacenamiento
4. Garaje abierto
5. Entrada principal
6. Cocina
7. Salón
8. Despensa
9. Almacenamiento
10. Aseo
11. Baño
12. Dormitorio
13. Baño principal
14. Dormitorio principal
15. Dormitorio
16. Despacho
17. Dormitorio
18. W/C
19. Cubierta
20. Cubierta verde
21. Jardín vegetal
22. Paneles solares

Original cottage (515 sq ft)
First addition (1,533 sq ft)
New addition (1,746 sq ft)

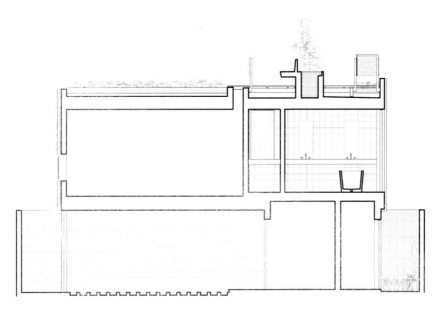

Section A
Sección A

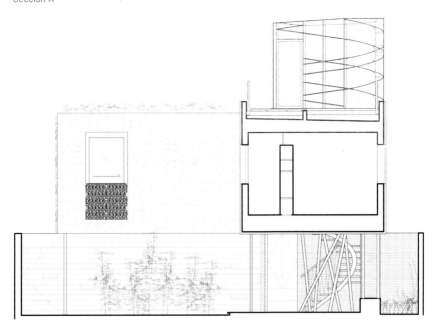

Section B
Sección B

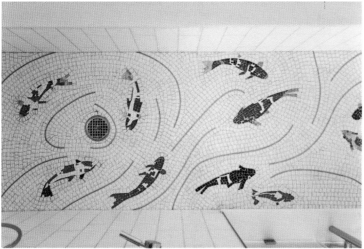

All landscaping is fed with a combination of captured rainwater and recycled domestic grey water. The roof's softscape is divided between a highly productive vegetable garden and indigenous, low-maintenance grasses and shrubs.

Todo el paisajismo se alimenta de una combinación de la lluvia recogida y el reciclado de las aguas grises domésticas. La vegetación de la cubierta se divide entre un jardín vegetal altamente productivo y un jardín nativo de plantas y arbustos de bajo mantenimiento.

ACASSUSO HOUSE

Architect: Remy Arquitectos
Location: Acassuso, Buenos Aires, Argentina
Photographer: © Remy Arquitectos

Andres Remy is a champion of sustainable architecture using natural resources. "The important thing is to consider the location". A river runs nearby, so it is inevitable that the house owes itself to the water.

Andrés Remy es adalid de una arquitectura sustentada en los recursos naturales. "Lo importante", dice, "es tener en cuenta el lugar." Un río corre cerca de este emplazamiento. De forma inevitable, la casa se debe al agua.

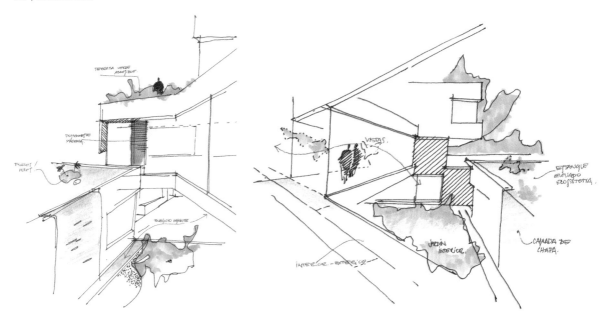

Perspective views
Vistas en perspectiva

The house penetrates the ground via the inner courtyards. "A landscape made into a home", as the architects say, but not just any landscape. The house brings its surroundings right inside the building.

Los patios interiores calan la casa hasta los cimientos. Es "un paisaje hecho casa", como dicen desde el estudio de arquitectos, pero no cualquier paisaje.

A large pond initiates the flow of water, which pours over another pond in an inner courtyard. The house appears to be shaped by the stream like a hill: the green platforms are the result of erosion that never happened.

Un estanque elevado inicia el recorrido del agua, que se vierte sobre otro estanque en un patio interior. Como una colina, la casa parece moldeada por el arroyo: plataformas verdes fruto de una erosión que nunca se dio.

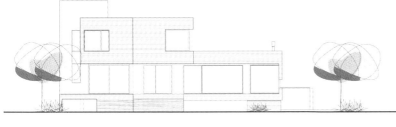

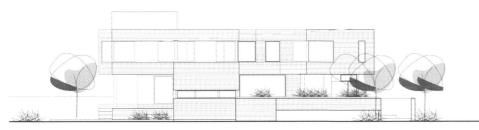

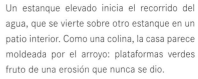

Elevations
Alzados

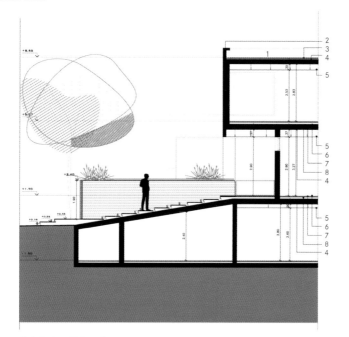

1. Accessible rooftop
2. Exposed concrete
3. Slope 2%
4. Reinforced concrete slab
5. Durlock® dropped ceiling
6. Finish 3 cm
7. Subfloor
8. Radiant floor 8 cm

1. Acceso a la azotea
2. Hormigón expuesto
3. Pendiente del 2%
4. Bloque de hormigón armado
5. Falso techo de Durlock®
6. Acabado de 3 cm
7. Subsuelo
8. Suelo radiante de 8 cm

Detailed partial section
Sección parcial detallada

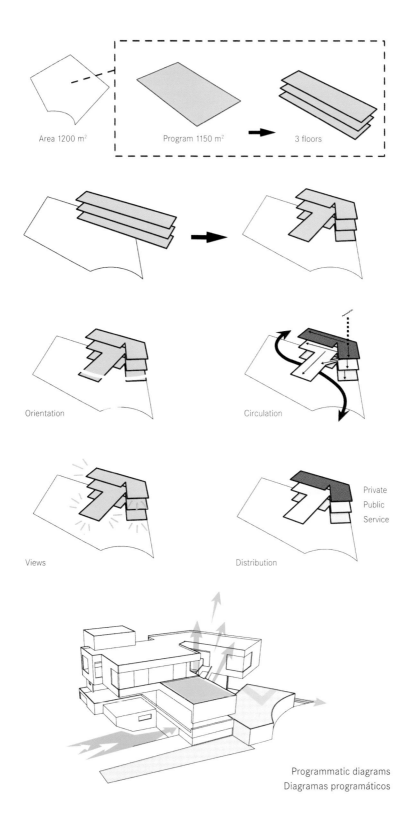

Area 1200 m²

Program 1150 m²

3 floors

Orientation

Circulation

Views

Distribution

Private
Public
Service

Programmatic diagrams
Diagramas programáticos

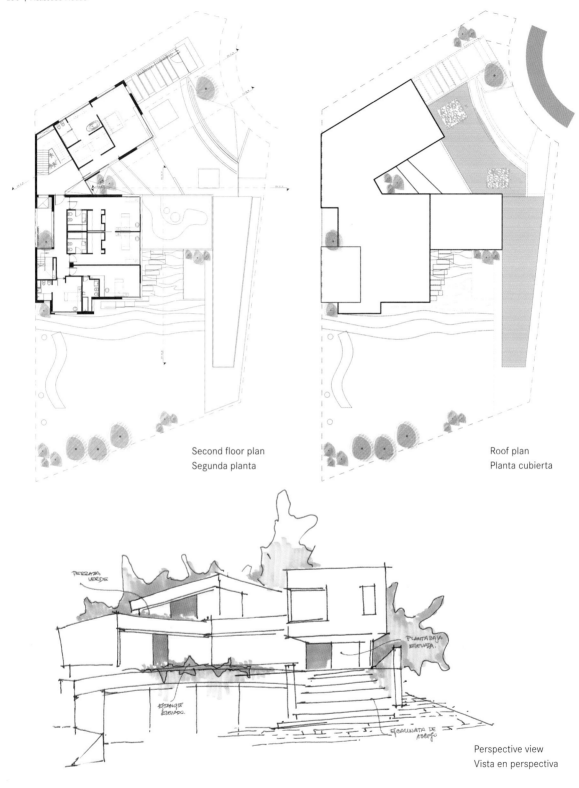

Second floor plan
Segunda planta

Roof plan
Planta cubierta

Perspective view
Vista en perspectiva

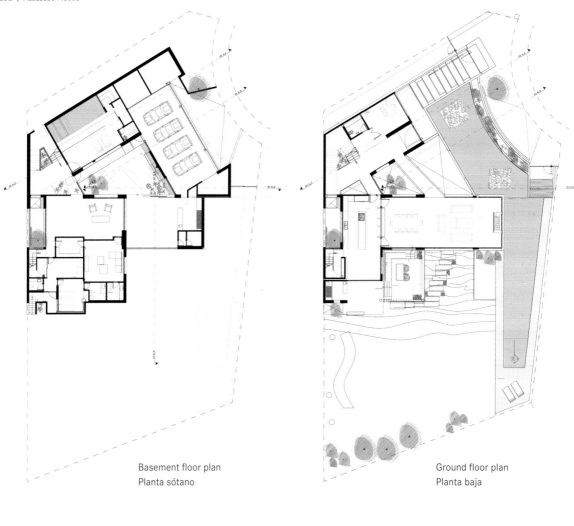

Basement floor plan
Planta sótano

Ground floor plan
Planta baja

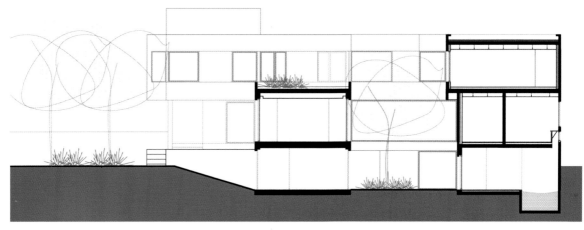

C A-A

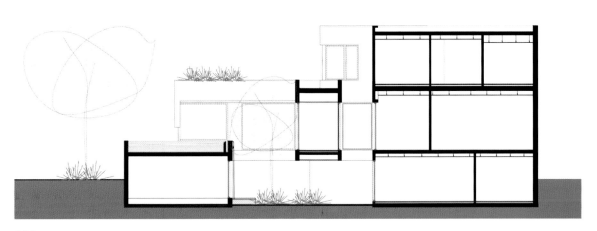

C B-B

VENT VERT

Architect: Edward Suzuki Associates Inc
Location: MotoAzabu, Minatoku, Tokyo, Japan
Photographer: © Jyunji Kojima

Vent Vert is Green Wind in French. As the name suggests, the thrust of the design was to add a new spirit of green to not only the new building but also the surrounding commercial environment. The strategy was to create something unique in order to attract potential tenants. To this end, the concept of "interface" employing a combination of screen and green was applied to the building's face that would have a dual purpose to please both outsiders as well as insiders.

Vent Vert significa viento verde en francés. Como el nombre indica, la idea del diseño era añadir un nuevo espíritu verde no solo al nuevo edificio, sino también al entorno comercial que lo rodea. La estrategia fue crear algo único para atraer a los inquilinos potenciales. Con este fin, el concepto de "interfaz", que combina pantallas y plantas, se aplicó en la fachada del edificio, que tendría un doble propósito: satisfacer tanto a la gente de la calle como a los inquilinos.

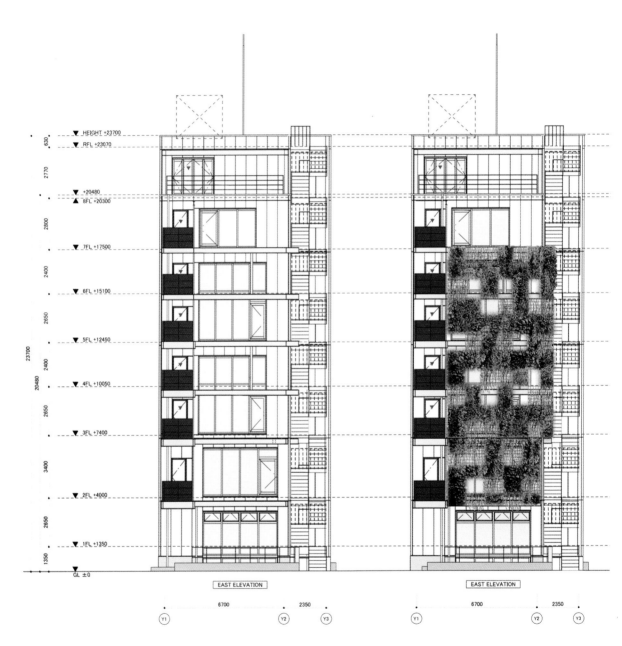

HEIGHT +23700
RFL +23070
630

2770

+20480
8FL +20300
2800

7FL +17500
2400

6FL +15100
2650

5FL +12450
2400

4FL +10050
2650

3FL +7400
3400

2FL +4000
2650

1FL +1350
1350

GL ±0

23700
20480

EAST ELEVATION

6700   2350

Y1   Y2   Y3

EAST ELEVATION

6700   2350

Y1   Y2   Y3

Elevations
Alzados

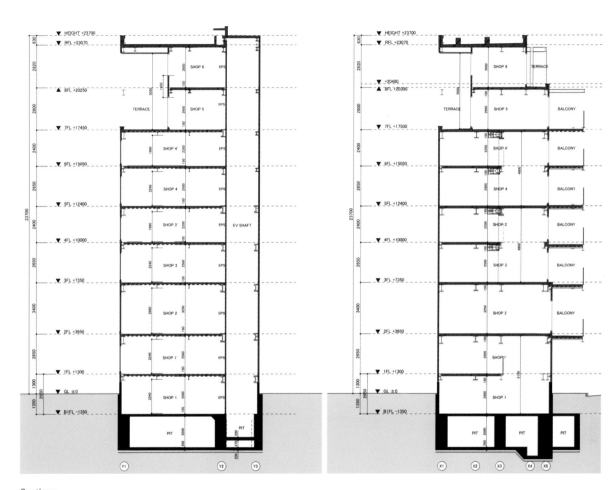

Sections
Secciones

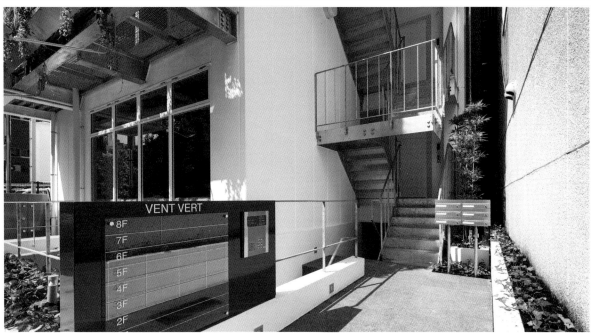

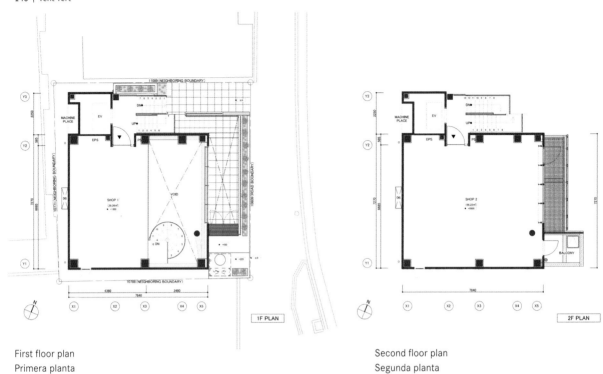

First floor plan
Primera planta

Second floor plan
Segunda planta

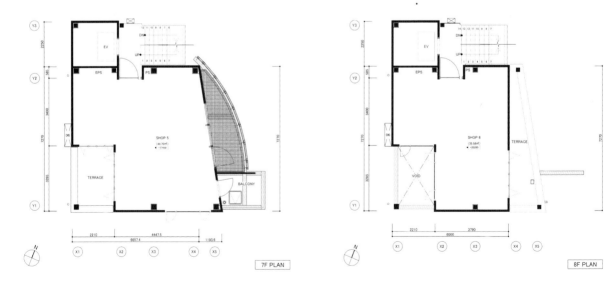

Seventh floor plan
Séptima planta

Eighth floor plan
Octava planta

As such, users would be able to view and experience the green from the respective interiors, be it a bar, a restaurant, a hair salon, etc. Needless to say, the green is basically maintained by automatic sprinklers.

Los usuarios podrían ver y experimentar la zona verde desde sus respectivos interiores, ya sea un bar, un restaurante, una peluquería, etcétera. No hace falta decir que las plantas se mantienen en buen estado principalmente gracias a los aspersores automáticos.